やさしいお菓子

すべての手順が写真でわかる10枚レシピ

飯塚有紀子

優しくて、易しい ─ 。

お菓子をつくる過程で〝やさしい〞というのは、とても大切です。つくり方が分かり易く、
失敗しないのはもちろん、誰もが優しい気持ちでお菓子づくりができたらいいな……
そう思って、このレシピブックを考えました。

気合いを入れて材料や道具をそろえて、いざ、つくり始めたら、
オーブンから出てきたのは固くてペシャンコのケーキ。
これなら簡単！ そう思ってつくったプリンは、なんだかボソボソした舌触り。
なぜ？ どうして？ もうお菓子づくりなんて、こりごり。
そんな疑問やイライラが練り込まれたお菓子は、やっぱり残念な味がします。

2000年に始めた、お菓子教室、un pur…（アンピュール）は、ずっと〝家庭でつくるお菓子〞
を伝えています。自分のため、誰かのためにお菓子をつくる場所は、もともと家のキッチンだ
からです。家庭サイズの分量を、手に入りやすい材料を使って、つくって、おいしく食べる。
その基本の工程と、見落としがちなポイントを知って実践すれば、思わず「おいしいね」と、
笑顔がこぼれるお菓子がつくれます。この本には、そうして教室から生まれたレシピを掲載しました。

ページを、ゆっくりめくって下さい。
そして、皆さんが「またつくりたい！」と思えるお菓子に出会えますように。

sommeire [目次]

🧁 Gâteau [焼き菓子]

08 Sablé [サブレ]

12 Ginger cookie [ジンジャークッキー]

16 Drop cookie [ドロップクッキー]

20 Biscotti [ビスコッティ]

24 Croquants [クロッカン]

28 Cherry clafouti [チェリークラフティ]

32 Pain pudding [パンプディング]

36 Apple crumble [アップルクランブル]

40 Baked apple [焼きりんご]

42 Madeleines [マドレーヌ]

46 Financier [フィナンシェ]

50 Banana muffin [バナナマフィン]

54 Pound cake [パウンドケーキ]

58 Carrot cake [キャロットケーキ]

62 Baked cheesecake [ベイクドチーズケーキ]

🍨 Gâteau frais [冷たいお菓子]

68 Bavarois [ババロア]

72 Panna cotta [パンナコッタ]

76 Pudding [プリン]

80 Pot de creme chai [ポドクレームチャイ]

82 Rare cheese cake [レアチーズケーキ]

86 Coffee jelly [コーヒーゼリー]

88 Berry jelly [ベリーゼリー]

90 Mango sherbet [マンゴーソルベ]

92 Peach compote jelly [ピーチコンポートゼリー]

94 Macedonia [マチェドニア]

Noël {クリスマスのお菓子}

98 Guiness cake {ギネスケーキ}

102 Lebkuchen {レープクーヘン}

106 Polvoron {ポルボロン}

110 Boule de Neige {ブール ドゥ ネージュ}

114 Vanillekipferl {バニエキプフェル}

Column {コラム}

120 Kitchen tools {アンビュールで使っている道具}

122 Cooking ingredients {材料について}

124 Wrapping {ラッピングについて}

126 Orange peel {オレンジピール}

127 Rum raisins {ラム酒漬けレーズン}

Gâteau ｛焼き菓子｝

Sablé
Ginger cookie
Drop cookie
Biscotti
Croquants
Cherry clafouti
Pain pudding
Apple crumble
Baked apple
Madeleines
Financier
Banana muffin
Pound cake
Carrot cake
Baked cheesecake

Sablé 〔サブレ〕

1
前ページの を参考に無塩バターを常温にもどします。

2
無塩バターのボウルに粉砂糖、薄力粉、アーモンドパウダー、コーンスターチを合わせてふるい入れます。

3
ゴムベラで粉気がなくなるまで混ぜます。

4
生地をひとまとめにしてラップに移します。

5
直径4cmの棒状に整えて、冷凍庫で30分休ませます。

この状態で冷凍庫で1ヶ月ほど保存できます。焼くときは凍ったままカットします。

6
🔥 オーブンを180℃に予熱します。
水で軽く湿らせたキッチンペーパーで生地の周りを少し湿らせます。

7
飾り用のグラニュー糖を入れたバットの中でころがします。

8
厚さ1cmにカットします。

9
天板に並べ、180℃のオーブン（2段の場合は下段）で15分焼きます。

焼くと生地が膨らむので間をあけて並べます。

10
焼き上がったら網の上で冷まします。

密閉容器に入れて、常温で2週間ほど日持ちします。

Sablé 11

Ginger cookie
{ジンジャークッキー}

PREPARATION 準備　　直径約5cm　15〜20枚分

抜き型	天板	無塩バター 30g	はちみつ 25g	生姜(すりおろし) 小さじ1	卵 大さじ1

菊型や丸型、四角型など好きな型を使用してください。型がない場合は、包丁でカットしてもよいです。

オーブンシートを敷いておきます。オーブンを予熱する時はオーブンから出しておきます。

ボウルに入れて、常温にもどしておきます。

固まっている場合は湯せんしてとかします。

ブラウンシュガー 50g	薄力粉 70g	ベーキングパウダー 小さじ1/2

きび糖や三温糖でも代用できます。

 バターを常温にもどす方法

バターが固いままだとパサパサに、完全にとかすとカチカチの仕上がりになってしまいます。バターをきちんともどすことで、なめらかな食感のお菓子になります。

1	2	3

40℃くらいの湯に3秒くらいあてます。	湯せんからはずして泡立て器で軽く混ぜます。	1、2を繰り返して、バターをマヨネーズ状にします。

Ginger cookie

Ginger cookie {ジンジャークッキー}

1
前ページの🥄を参考に無塩バターを常温にもどします。

2
無塩バターのボウルにはちみつとすりおろした生姜を加えて混ぜ合わせます。
生姜の繊維が気になる場合は、生姜汁(小さじ1杯)を加えます。

3
卵を入れて混ぜ合わせます。

4
ブラウンシュガーをふるい入れてよくすり混ぜます。

5
薄力粉とベーキングパウダーを合わせてふるい入れます。

6
ゴムベラで粉気がなくなるまで混ぜ合わせます。

7
ラップに移して包み、冷蔵庫で1時間休ませます。

この状態で冷蔵庫で1週間ほど、冷凍庫で1ヶ月ほど保存できます。

8
オーブンを180℃に予熱します。

台の上に打ち粉をして、麺棒で厚さ2mmに伸ばし、型で抜きます。

9
天板に並べ、180℃のオーブン（2段の場合は下段）で10〜15分焼きます。

10
焼き上がりはもろいので5分ほど天板の上で冷まし、網の上に移します。

密閉容器に入れて、常温で2週間ほど日持ちします。

Ginger cookie

Drop cookie
|ドロップクッキー|

PREPARATION 準備　　直径約5cm　10個分

天板	無塩バター 90g	グラニュー糖 30g ＋ブラウンシュガー 90g ＋塩 小さじ1/4	卵 Lサイズ3/4個（約45g）	薄力粉 220g	ベーキングパウダー 小さじ1/4

オーブンシートを敷いておきます。オーブンを予熱する時はオーブンから出しておきます。	ボウルに入れて、常温にもどしておきます。	グラニュー糖は上白糖に、ブラウンシュガーはきび糖や三温糖でも代用できます。	常温にもどしておきます。 卵が冷たいと生地が分離しやすくなります。冷たい場合は30℃くらいの湯にあてます。		

シナモン 小さじ1/4	くるみ 50g	ドライクランベリー 50g

	キッチンペーパーを敷いた天板にのせて170℃にあたためたオーブンで7分空焼きをします。	5分ほど湯につけてふやかし、キッチンペーパーでよく水気を切っておきます。レーズンでも代用できます。

 バターを常温にもどす方法

バターが固いままだとパサパサに、完全にとかすとカチカチの仕上がりになってしまいます。バターをきちんともどすことで、なめらかな食感のお菓子になります。

40℃くらいの湯に3秒くらいあてます。	湯せんからはずして泡立て器で軽く混ぜます。	1、2を繰り返して、バターをマヨネーズ状にします。

Drop cookie

Drop cookie |ドロップクッキー|

1
🔥 オーブンを190℃に予熱します。

前ページの🥄を参考に無塩バターを常温にもどします。

2
無塩バターのボウルに、グラニュー糖＋ブラウンシュガー＋塩を入れてすり混ぜます。

3
卵を5〜6回に分け、少しずつ入れて、その都度混ぜ合わせます。

4
薄力粉、ベーキングパウダー、シナモンを合わせてふるい入れます。

5
クランベリーと手で細かく砕いたくるみを入れます。

6
ゴムベラで粉気がなくなるまで混ぜ合わせます。

この状態でラップに包み、冷蔵庫で1週間ほど、冷凍庫で1ヶ月ほど保存できます。

7
生地を10等分します。

8
手でボール状に整えます。

9
天板にのせ190℃のオーブン（2段の場合は下段）で15〜17分焼き色がつくまで焼きます。

10
焼き上がったら網の上で冷まします。

密閉容器に入れて、常温で2週間ほど日持ちします。

Drop cookie

Biscotti {ビスコッテイ}

PREPARATION 準備　　約7cm　20個分

天板

オーブンシートを敷いておきます。オーブンを予熱する時はオーブンから出しておきます。

薄力粉 100g

ベーキングパウダー 小さじ1/2

シナモン 小さじ1/4

グラニュー糖 20g
+塩 ひとつまみ

ホールアーモンド 50g

キッチンペーパーを敷いた天板にのせて170℃にあたためたオーブンで7分空焼きをします。

卵 Lサイズ1個

ときほぐしておきます。

Biscotti |ビスコッテイ|

1

🔥 オーブンを170℃に予熱します。

ボウルに薄力粉、ベーキングパウダー、シナモン、グラニュー糖＋塩を合わせてふるい入れます。

2

アーモンドを加えてゴムベラで混ぜ合わせます。

3

卵を加えてゴムベラでざっと混ぜ合わせます。

粉が多いのでここでは完全に混ざらずムラが残ります。

4

さらにひとまとまりになるまで手で混ぜ合わせます。

5

ボウルに生地をぐっと押しつけるようにして、全体がなめらかになるまで20回ほどこねます。

6
大きくラップを広げて生地をのせ、上からラップをかぶせます。麺棒でヨコ7×タテ20cm、厚さ約1cmに整えます。
麺棒がない場合は、手で整えてもよいです。

7
天板にのせ170℃のオーブン（2段の場合は下段）で25分焼きます。

8
生地を取り出し、厚さ1cmにカットします。

9
カットした面を上にして、再び170℃のオーブンで10分、裏返してさらに10分焼きます。

10
焼き上がったら網の上で冷まします。

密閉容器に入れて、常温で2週間ほど日持ちします。

Croquants ｛クロッカン｝

PREPARATION 準備　　直径約6cm　25個分

天板	アーモンド 50g ＋くるみ 50g	卵白 25g	粉砂糖 125g	薄力粉 40g

オーブンシートを敷いておきます。オーブンを予熱する時はオーブンから出しておきます。	ピーカンナッツ、ヘーゼルナッツ、カシューナッツなどお好みのナッツを数種類を混ぜてもよいです。空焼きしておきます。	ボウルに入れておきます。（Lサイズ卵1個分の卵白は約40gです。）		

仕上げ用の卵白

卵白25gを計量した残りを使用します。

仕上げ用の粉砂糖

🥄 ナッツの準備
天板にキッチンペーパを敷いて空焼きするとペーパーがナッツの余分な油を吸ってカリッと仕上がります。

1　キッチンペーパを敷いた天板にのせて170℃にあたためたオーブンで7分空焼きをします。

2　焼き上がったら温かいうちに包丁で粗く刻んで冷ましておきます。

Croquants　25

Croquants ｛クロッカン｝

1
🔲 オーブンを150℃に予熱します。
卵白に粉砂糖を加えます。

2
泡立て器で粉砂糖が完全にとけるまで混ぜ合わせます。

3
薄力粉をふるい入れてナッツも加えます。

4
ゴムベラで粉気がなくなるまで混ぜ合わせます。

5
手でひとまとめにして、直径3cmの棒状に整えます。

6
包丁で25等分にカットします。

7
天板にのせ、手で薄く平らに広げます。

天板に乗り切らない場合は、何回かに分けて焼きます。

8
刷毛で表面に仕上げ用の卵白を薄くぬります。

9
仕上げ用の粉砂糖を茶こしでふるいかけます。

10
150℃のオーブン（2段の場合は下段）で30分焼きます。焼き上がったら網の上で冷まします。

密閉容器に入れて、常温で2週間ほど日持ちします。

Croquants 27

Cherry clafouti
{チェリークラフティ}

PREPARATION 準備   22×15cm キャセロール　1台分

キャセロール 22×15cm×1台	卵 Lサイズ2個	グラニュー糖 40g	薄力粉 20g	生クリーム 200ml

	ボウルに入れてときほぐしておきます。	上白糖でも代用できます。		乳脂肪分45～47％のものを使用します。なければ35％のものでもよいです。

牛乳 50ml	アメリカンチェリー 30粒	粉砂糖 20g

	いちごやオレンジ、ブルーベリー、缶詰の果物でもおいしくできます。	上白糖、グラニュー糖でも代用できます。

Cherry clafouti

Cherry clafouti {チェリークラフティ}

1
アメリカンチェリーは竹串で種を取ります。

2
粉砂糖と合わせます。

3
ゴムベラで全体を混ぜ合わせ、10分ほどおきます。

4
オーブンを170℃に予熱します。
卵のボウルにグラニュー糖を加えて混ぜ合わせます。

5
茶こしで薄力粉をふるい入れて、混ぜ合わせます。

6
生クリームと牛乳を加え、ダマがなくなるまで混ぜ合わせます。

7
キャセロールにアメリカンチェリーを入れます。

8
6を茶こしでこしながら注ぎます。

9
170℃のオーブン(2段の場合はド段)で35〜40分焼きます。

10
焼きたてを皿に取り分けて、温かいうちにいただきます。

Cherry clafouti

Pain pudding {パンプディング}

PREPARATION 準備 23×14cm キャセロール　1台分

| キャセロール
23×14cm×1台 | 卵 Lサイズ2個 | グラニュー糖 80g | 生クリーム 200ml | クロワッサン 2個 |

無塩バター（分量外）を うすくぬっておきます。

ボウルに入れてときほぐ しておきます。

上白糖でも代用できます。

小鍋に入れておきます。 乳脂肪分45～47％のも のを使用します。なければ 35％のものでもよいです。

オレンジ 1個

皮をむいて果肉を取り出 しておきます。
いちごやブルーベリーでも おいしくできます。

オレンジの果肉を取り出す方法

1. オレンジの上下をカットします。
2. 皮をむきます。
3. 薄皮を削ぎ落とします。
4. 薄皮の両側にナイフを入れて果肉を取り出します。

Pain pudding　33

Pain pudding {パンプディング}

1
クロワッサンは6等分にカットし、キャセロールに入れておきます。

2
卵が入ったボウルにグラニュー糖を入れ、泡立て器ですり混ぜます。

3
生クリームを中火にかけて沸騰させます。

4
生クリームを2に加えて混ぜ合わせ、プリン液をつくります。

5
プリン液の1/3量をキャセロールに流し入れ、そのまま1分おきます。

一度にプリン液を入れるとクロワッサンが浮いてしまうので気をつけます。

6

残りのプリン液を流し入れて、30分ほどおきます。

プリン液をしっかりとクロワッサンにしみ込ませます。

7

オーブンを180℃に予熱します。

オレンジを散らします。

8

キャセロールをバットにのせて、40℃くらいのお湯を注ぎ、オーブン（2段の場合は下段）で30〜40分湯せん焼きします。

天板に直に置いてもよいです。熱湯を注ぐとすが立ってしまうので、お湯の温度に気をつけます。

9

キャセロールを揺らして中心が大きく揺れなければ焼き上がりです。

10

焼き上がったら網の上で冷まし、冷蔵庫で冷やします。

Pain pudding

PREPARATION 準備　　25×17cm キャセロール　1台分

キャセロール 25×17cm×1台	無塩バター 20g	ブラウンシュガー 20g + 塩 ひとつまみ	薄力粉 20g	アーモンドパウダー 20g

無塩バター（分量外）をうすくぬっておきます。	ボウルに入れて、常温にもどしておきます。	きび糖や三温糖でも代用できます。		

りんご 2個	レモン汁 大さじ1	シナモン 適宜

紅玉がおすすめですが、他の種類のりんごでもよいです。		

バターを常温にもどす方法

バターが固いままだとパサパサに、完全にとかすとカチカチの仕上がりになってしまいます。バターをきちんともどすことで、なめらかな食感のお菓子になります。

1	2	3

40℃くらいの湯に3秒くらいあてます。	湯せんからはずして泡立て器で軽く混ぜます。	1、2を繰り返して、バターをマヨネーズ状にします。

Apple crumble　37

Apple crumble |アップルクランブル|

1
前ページの🥄を参考に無塩バターを常温にもどします。

2
無塩バターのボウルにブラウンシュガー＋塩、薄力粉、アーモンドパウダーを合わせてふるい入れます。

3
ゴムベラで切るように混ぜ、冷凍庫に10分ほど入れて冷やし固めます。

生地がホロホロになり、バターの固まりがなければよい。

4
オーブンを180℃に予熱します。
りんごは8等分にカットして、芯を取り除きます。

5
りんごをキャセロールにすき間なく並べます。

6
レモン汁をかけます。

7
シナモンをふるいます。

8
3を手で細かく砕きながら、キャセロール全体に散らします。

9
オーブン（2段の場合は下段）で30～40分焼きます。

クランブルがきつね色になれば焼き上がりです。

10
焼きたてをお皿に取り分けて、生クリームやアイスクリームを添えていただきます。

Apple crumble 39

Baked apple |焼きりんご|

PREPARATION 準備

りんご 2個分

キャセロール 20×14cm×1台

りんご 2個

紅玉がおすすめですが、他の種類でもよいです。

無塩バター 20g

5mm角にカットしておきます。

グラニュー糖 40g + シナモン 小さじ1/2

グラニュー糖とシナモンを混ぜ合わせておきます。

1

🔖 オーブンを180℃に予熱します。
りんごはきれいに洗い、ナイフで切り込みを入れ、底が抜けないようにスプーンで芯をくり抜きます。

2

くり抜いた部分の内側と皮に竹串で全体にまんべんなく穴をあけます。

3

りんごのくり抜いた穴に、無塩バターとグラニュー糖+シナモンを交互につめます。

4

りんごをキャセロールにのせ、180℃のオーブン（2段の場合は下段）で30〜40分焼きます。

5

竹串をさして、すっと中心まで入れば焼き上がりです。

Baked apple

Madeleines {マドレーヌ}

PREPARATION 準備　　5×8cmシェル型　6個分

シェル型
5×8cm×6個

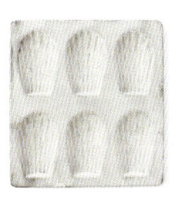

型に無塩バター（分量外）をうすくぬり強力粉（分量外）をはたいて余分な粉をおとします。使うまで冷蔵庫で冷やしておきます。

無塩バター 50g

小鍋に入れておきます。

卵 Lサイズ 1個

ボウルに入れてときほぐしておきます。

グラニュー糖 50g

上白糖でも代用できます。

はちみつ 大さじ1

固まっている場合は湯せんしてとかします。

牛乳 大さじ1

常温にもどしておきます。

薄力粉 50g

ベーキングパウダー 小さじ1/3

Madeleines　43

Madeleines 〔マドレーヌ〕

1
卵のボウルにグラニュー糖を加えて泡立て器でざっと混ぜ合わせます。

2
はちみつを加えて混ぜ合わせます。

3
牛乳を加えて混ぜ合わせます。

4
薄力粉とベーキングパウダーを合わせてふるい入れます。

5
粉気がなくなり、クリーム状になるまで混ぜ合わせます。

泡立て器を立ててぐるぐると回すように混ぜます。この時生地を泡立てないように気をつけます。

6

無塩バターを中火にかけてとかします。

7

全てとけたら熱いうちに5に加えて混ぜ合わせます。

8

ボウルにラップをして冷蔵庫で1時間休ませます。

この状態で冷蔵庫で2〜3日保存できます。

9

オーブンを190℃に予熱します。

シェル型の8分目まで生地を流し入れ、オーブン（2段の場合は上段）で12〜15分焼きます。

10

ふっくらとふくらんだコブがきつね色になっていれば焼き上がり。

焼き上がったらすぐに型から外し、網の上で冷まします。

密閉容器に入れて、常温で1週間ほど日持ちします。

Madeleines

Financier ｛フィナンシェ｝

PREPARATION 準備　　8×4cm フィナンシェ型　10個分

フィナンシェ型　　　　卵白 80g　　　　　グラニュー糖 90g　　　薄力粉 35g　　　　アーモンドパウダー 35g
8×4cm×10個

型に無塩バター（分量外）　常温にもどしておきます。　ボウルに入れておきます。
をうすくぬり、使うまで冷
蔵庫で冷やしておきます。

無塩バター 80g

小鍋に入れておきます。

Financier　47

Financier 〔フィナンシェ〕

1

🔳 オーブンを220℃に予熱します。

グラニュー糖に薄力粉とアーモンドパウダーを合わせてふるい入れ泡立て器でざっと混ぜ合わせます。

2

卵白を加えて、よく混ぜ合わせます。

3

焦がしバターをつくります。まず無塩バターを中火にかけてとかします。

4

バターが全てとけて、きつね色になってきます。

焦がしそうで不安な場合は、鍋を火から外し様子を見ながら再び火にかけて調整します。

5

バターがコーラくらいの深い茶色になるまで焦がします。

6

水を入れたボウルに鍋ごとあてます。

これ以上焦げないようにするためです。

7

6の無塩バターを茶こしでこしながら2に加えます。

バターが冷めないうちに加えます。60℃くらいが適温です。

8

全体にバターがなじむまで、よく混ぜ合わせます。

9

フィナンシェ型の9分目まで生地を流し入れ、220℃のオーブン（2段の場合は上段）で12〜15分焼きます。

生地が濃いきつね色になったら焼き上がりです。

10

焼き上がったらすぐに型から外し、網の上で冷まします。

密閉容器に入れて、常温で1週間ほど日持ちします。

Financier

Banana muffin {バナナマフィン}

PREPARATION 準備　　　直径5.5cmマフィン型　12個分

マフィン型
直径5.5cm×6個×2台

マフィン型にグラシン紙を敷いておきます。紙のマフィンカップでも代用できます。

無塩バター 75g

ボウルに入れて、常温にもどしておきます。

ブラウンシュガー 75g ＋ 塩 ひとつまみ

きび糖や三温糖でも代用できます。

はちみつ 大さじ1

卵 Lサイズ1/2個分（約30g）

常温にもどしておきます。
卵が冷たいと生地が分離しやすくなります。冷たい場合は30℃くらいの湯にあてます。

牛乳 20g

常温にもどしておきます。

バナナ 1本

よく熟れているものがおすすめです。

薄力粉 100g

ベーキングパウダー 小さじ1

バターを常温にもどす方法

バターが固いままだとパサパサに、完全にとかすとカチカチの仕上がりになってしまいます。バターをきちんともどすことで、なめらかな食感のお菓子になります。

1. 40℃くらいの湯に3秒くらいあてます。 
2. 湯せんからはずして泡立て器で軽く混ぜます。 
3. 1、2を繰り返して、バターをマヨネーズ状にします。

Banana muffin　51

Banana muffin ｛バナナマフィン｝

1
🔥 オーブンを180℃に予熱します。
無塩バターのボウルにブラウンシュガー＋塩を加えて、泡立て器ですり混ぜます。

2
はちみつを加えてすり混ぜます。

3
卵を少しずつ加えて混ぜ合わせます。

卵を少し入れて泡立て器で混ぜ、卵が見えなくなったら次を入れます。

4
牛乳を少しずつ加えて混ぜ合わせます。

5
薄力粉とベーキングパウダーを合わせてふるい入れます。

6
バナナを手でつぶしながら加えます。

7
粉気が見えなくなるまで、ゴムベラで混ぜ合わせます。

バナナがつぶれてもよいので、ツヤがもどるまで混ぜ合わせます。

8
マフィン型の8分目まで生地を流し入れ、180℃のオーブン（2段の場合は下段）で20〜25分焼きます。

9
焼き上がったら型のまま冷まします。

生地が柔らかいので焼き立てを型から外すと崩れることがあります。

10
マフィンが冷めたら、横から竹串でマフィンを支えて取り出します。

密閉容器に入れて、常温で3日間ほど日持ちします。

Banana muffin

Pound cake {パウンドケーキ}

PREPARATION 準備　　8×18.5cm パウンド型　1台分

パウンド型
8×18.5×深さ6.5cm×1台

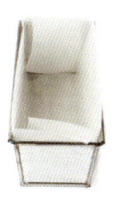

オーブンシートを敷いておきます。

無塩バター 120g

ボウルに入れて、常温にもどしておきます。

粉砂糖 120g

粉砂糖がない場合は、グラニュー糖や上白糖でも代用できます。

卵 Lサイズ2個

常温にもどしておきます。

卵が冷たいと生地が分離しやすくなります。冷たい場合は30℃くらいの湯にあてます。

薄力粉 120g

ベーキングパウダー 小さじ1/2

オレンジピール 100g

細かく刻んでおきます。
→つくり方はP126へ
市販のものでもよいです。

バターを常温にもどす方法

バターが固いままだとパサパサに、完全にとかすとカチカチの仕上がりになってしまいます。バターをきちんともどすことで、なめらかな食感のお菓子になります。

1. 40℃くらいの湯に3秒くらいあてます。
2. 湯せんからはずして泡立て器で軽く混ぜます。
3. 1、2を繰り返して、バターをマヨネーズ状にします。

Pound cake　55

Pound cake {パウンドケーキ}

1

🔥 オーブンを160℃に予熱します。

前ページの🥄を参考に無塩バターを常温にもどします。

2

無塩バターのボウルに粉砂糖を2〜3回に分けてふるい入れ、泡立て器ですり混ぜます。

3

卵を10回くらいに分けて加え、その都度混ぜ合わせます。

卵を少しずつ加えることで分離せず、きれいな生地に仕上がります。

4

水気がなくなり生地がつながるまで混ぜ合わせます。

5

薄力粉とベーキングパウダーを合わせてふるい入れます。

6
オレンジピールを加えます。

7
粉気がなくなるまで、ゴムベラで混ぜ合わせます。

ツヤが戻るまでしっかりと混ぜ合わせます。

8
パウンド型に生地を流し入れます。

9
160℃のオーブン(2段の場合は下段)で60分焼きます。

割れ目の部分に水気がなければ焼き上がりです。

10
焼き上がったらすぐに型から外し、網の上で冷まします。

密閉容器に入れて、常温で1週間ほど日持ちします。

Pound cake

Carrot cake [キャロットケーキ]

PREPARATION 準備　　20×20cmセルクル型　1台分

セルクル型 20×20cm×1台
オーブンシートを敷き、天板の上におきます。

卵 Lサイズ2個
ボウルに入れてときほぐし、常温にもどしておきます。

三温糖 100g ＋ 塩 ひとつまみ
ブラウンシュガー、きび糖でも代用できます。

サラダ油 100ml

にんじん 200g
すりおろしておきます。 

レーズン 30g
細かく刻んでおきます。

薄力粉 150g

ベーキングパウダー小さじ1/2 ＋ 重曹 小さじ1/2 ＋ シナモン 小さじ1

くるみ 50g
キッチンペーパーを敷いた天板にのせて170℃にあたためたオーブンで7分空焼きをします。 

クリームチーズアイシングのつくり方

濃厚でクリーミーなクリームチーズアイシングはキャロットケーキとよく合うトッピングです。お好みでどうぞ。

1 室温にもどした無塩バター50g、クリームチーズ100g、粉砂糖25gを合わせます。

2 なめらかなクリーム状になるまでよく混ぜ合わせます。

3 キャロットケーキが冷めたら、トッピングします。

Carrot cake

Carrot cake |キャロットケーキ|

1

🔲 オーブンを180℃に予熱します。
卵のボウルに三温糖＋塩を加えて、泡立て器で生地がねっとりするまでよく混ぜ合わせます。

2

サラダ油を加えて、さらによく混ぜ合わせます。

ここでよく混ぜることで、ふんわりとしたケーキに仕上がります。

3

にんじんとレーズンを加えます。

4

混ぜ合わせます。

5

薄力粉、ベーキングパウダー＋重曹＋シナモンを合わせてふるい入れます。

6
くるみを手で細かく砕きながら加えます。

7
粉気が見えなくなるまで、ゴムベラで混ぜ合わせます。

ツヤが戻るまでしっかりと混ぜ合わせます。

8
セルクル型に生地を流し入れます。

9
180℃のオーブン（2段の場合は下段）で35〜40分焼きます。焼き上がったら、天板の上で冷まします。

10
冷めたら、お好みでクリームチーズアイシングをのせて、ゴムベラで表面を整えます。

密閉容器に入れて、常温で2日間ほど日持ちします。

Carrot cake

Baked cheesecake ｜ベイクドチーズケーキ｜

PREPARATION 準備　　直径18cm 丸型　1台分

丸型
直径18cm×1台

底が抜けるタイプの丸型を使用します。底と側面にオーブンシートを敷いておきます。

無塩バター 20g

ボウルに入れて、常温にもどしておきます。

クリームチーズ 200g

常温にもどしておきます。

グラニュー糖 70g

上白糖でも代用できます。

卵 Lサイズ2個

常温にもどしておきます。

卵が冷たいと生地が分離しやすくなります。冷たい場合は30℃くらいの湯にあてます。

生クリーム 100ml ＋ 牛乳 50ml

常温にもどしておきます。

薄力粉 30g

レモン汁 大さじ2

🥄 バターを常温にもどす方法

バターが固いままだとパサパサに、完全にとかすとカチカチの仕上がりになってしまいます。バターをきちんともどすことで、なめらかな食感のお菓子になります。

1 40℃くらいの湯に3秒くらいあてます。

2 湯せんからはずして泡立て器で軽く混ぜます。

3 1、2を繰り返して、バターをマヨネーズ状にします。

Baked cheesecake

Baked cheesecake {ベイクドチーズケーキ}

1

🔥 オーブンを180℃に予熱します。

前ページの🥄を参考に無塩バターを常温にもどします。

2

無塩バターのボウルにクリームチーズを加えて、滑らかになるまでよく混ぜ合わせます。

ここでダマがなく滑らかな生地にしておくと、きれいに仕上がります。

3

グラニュー糖を加えてすり混ぜます。

4

卵を少しずつ加えて、その都度混ぜ合わせます。

5

生クリーム＋牛乳を少しずつ加えて、その都度混ぜ合わせます。

6
薄力粉をふるい入れて粉気がなくなるまで混ぜ合わせます。

7
レモン汁を加えて混ぜ合わせます。

8
丸型に生地を流し入れます。

9
180℃のオーブン（2段の場合は下段）で40分焼きます。

10
焼き上がったら型のまま網のうえにのせて冷まし、粗熱が取れたら冷蔵庫で冷やします。

冷蔵庫で3週間ほど日持ちします。

Baked cheesecake

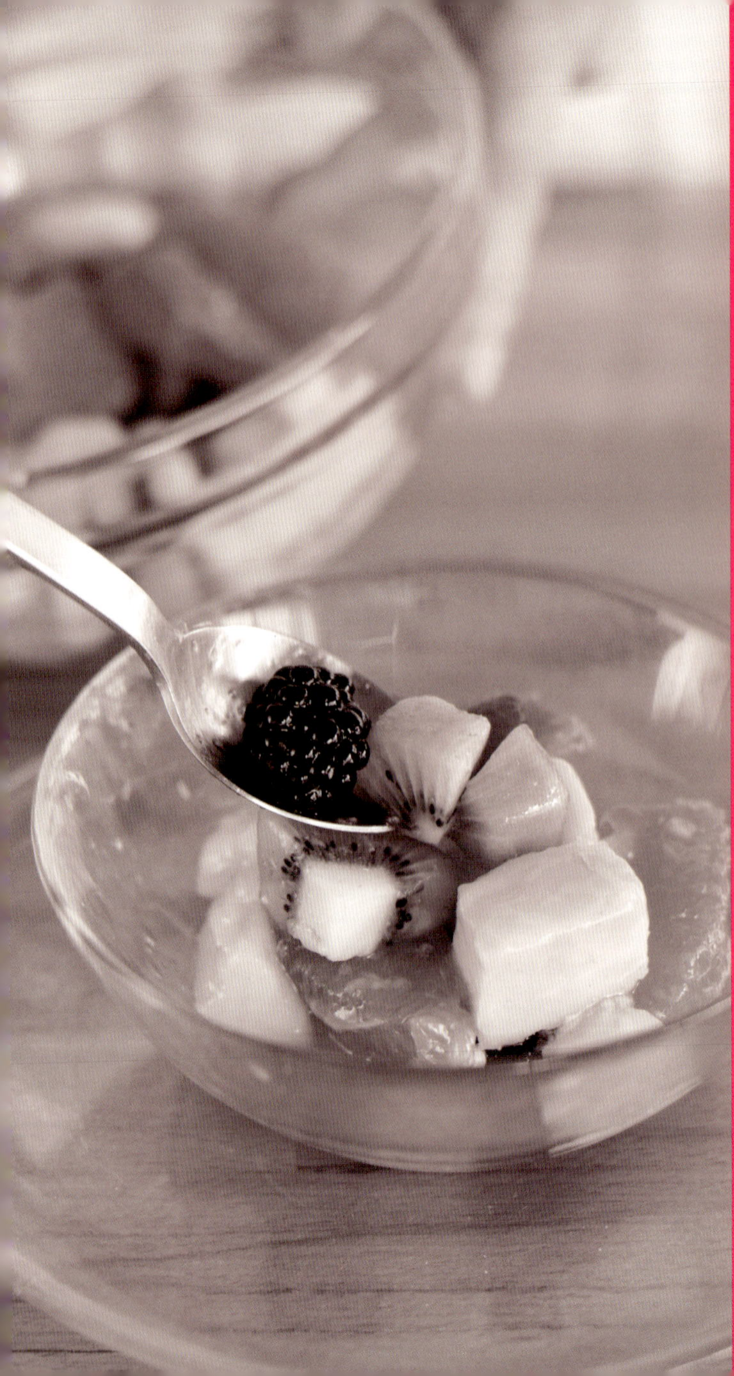

Gâteau frais {冷たいお菓子}

Bavarois
Panna cotta
Pudding
Pot de creme chai
Rare cheese cake
Coffee jelly
Berry jelly
Mango sherbet
Peach compote jelly
Macedonia

Bavarois {ババロア}

PREPARATION 準備　　直径約7cmゼリー型　5個分

ゼリー型
直径約7cm×5個

卵黄 Lサイズ2個分

グラニュー糖　45g

牛乳　100ml

小鍋に入れておきます。

粉ゼラチン　5g
＋水　25ml

粉ゼラチンに水を注いでよく混ぜ合わせたら、冷蔵庫に入れて30分ふやかしておきます。

生クリーム　100ml

乳脂肪分35％のものを使用します。なければ45〜47％のものでもよいです。

Bavarois

Bavarois {ババロア}

1
卵黄のボウルにグラニュー糖を入れて、泡立て器でレモン色になるまでよくすり混ぜます。

2
牛乳を中火にかけて沸騰させます。

3
火を止めてふやかしておいたゼラチンをちぎり入れて、とかします。

4
3を1に加えてよく混ぜ合わせます。

5
こして別のボウルに移します。

6

生クリームを別のボウルに入れ、氷水にあてながら泡立て、5分立てにします。

少しとろみがつき、たらすとほんの少し跡がつくくらいにします。

7

5 のボウルを氷水にあてて、粗熱を取ります。とろみがついたら氷水からはずします。

8

7 に **6** を半量ずつ加えて、混ぜ合わせます。

9

ゼリー型に流し入れ、冷蔵庫で1時間ほど冷やし固めます。

10

40℃くらいのお湯に、ゼリー型ごとくぐらせて、型からババロアを取り出します。

Bavarois

Panna cotta {パンナコッタ}

PREPARATION 準備　　約100mlのグラス　2個分

グラス
約100ml×2個

好みのグラスを用意します。

粉ゼラチン 5g ＋ 水 25ml

粉ゼラチンに水を注いでよく混ぜ合わせたら、冷蔵庫に入れて30分ふやかしておきます。

生クリーム 200ml ＋ 牛乳 100ml

小鍋に入れておきます。乳脂肪分35％のものを使用します。なければ45〜47％のものでもよいです。

グラニュー糖 45g

上白糖でも代用できます。

バニラビーンズ

5cmにカットして使用します。バニラエッセンス2〜3滴でも代用できます。

レモンの皮 1/2個

すりおろしておきます。

マンゴー 1個

粉砂糖 5g

粉砂糖がない場合は、グラニュー糖や上白糖でも代用できます。

レモン汁 小さじ1

Panna cotta

Panna cotta |パンナコッタ|

1
生クリーム＋牛乳が入った小鍋にグラニュー糖を加えます。

2
バニラビーンズのさやに切れ目を入れて、中のビーンズをこそぎ取り、1に入れます。

3
バニラビーンズのさやも入れ、中火にかけます。

4
沸騰したら火を止め、ゼラチンをちぎり入れます。

5
ゼラチンがとけたら、こしながらボウルに移し、氷水にあてます。バニラビーンズのさやは取り出します。

6
粗熱が取れたら、レモンの皮を加えます。

7
グラスに流し入れ、冷蔵庫で2時間ほど冷やし固めます。

8
マンゴーの果肉を取り出します。

9
マンゴーの果肉、粉砂糖、レモン汁をミキサーにかけてソースをつくります。

10
パンナコッタの上にかけます。

Panna cotta

Pudding {プリン}

PREPARATION 準備　　　直径6.5cmプリン型　5個分

プリン型
直径6.5×高さ6cm×5個

カラメル用の
グラニュー糖　60g

小鍋に入れておきます。

カラメル用の
熱湯　50ml

卵　Lサイズ2個

ボウルに入れてときほぐ
しておきます。

プリン用の
グラニュー糖　60g

牛乳　240ml

小鍋に入れておきます。

Pudding

Pudding 〔プリン〕

1
カラメルをつくります。
グラニュー糖を中火にかけて、
たまに鍋をゆすりながらとかし、
半分くらいとけてきたらヘラで
かき混ぜます。

2
全体がカラメル色になったら、
火を止めて熱湯を少しずつ
加えます。

湯がぬるいとカラメルがはねて
危ないので必ず熱い湯を注ぎ
ます。

3
そのまま3分ほど中火にかけて
カラメルを仕上げます。

4
プリン型にカラメルを均等に
流し入れ、冷蔵庫で20分ほど
冷やします。

5
オーブンを160℃に予熱します。

プリン液をつくります。
卵にグラニュー糖を加えて、
泡立て器でよくすり混ぜます。

6

牛乳を中火にかけ、鍋肌が
フツフツとするまで温めます。

7

温まった牛乳を 5 に少しず
つ加えて混ぜ合わせます。

ここで一度こしておくとなめらか
なプリンに仕上がります。

8

プリン液をカラメルの入った
プリン型に流し入れます。

9

バットに並べ、40℃くらいの湯
を型の下2cmくらい浸るまで
注ぎます。バットを天板にのせ、
160℃のオーブン（2段の場合
は下段）で40分湯せん焼きし
ます。

バットがなければ、天板に直に
お湯を注いで並べてもよいです。

10

焼き上がったら網の上で冷まし、
冷蔵庫で冷やします。型から外
していただきます。

型まわりの生地を軽く押しなが
らはがし、盛りつける皿の上に
プリン型をのせ、皿とプリン型
を合わせて軽くふるとすっと抜
けます。

Pudding

Pot de creme chai

{ポドクレームチャイ}

PREPARATION 準備

直径8cmココット型　10個分

ココット型　直径8×高さ4cm×10個

生クリーム 200ml ＋ 牛乳 200ml
＋ 紅茶（葉）小さじ2 ＋ はちみつ 大さじ1
＋ カルダモン 5粒 ＋ シナモン 小さじ1/4
＋ 生姜 薄切り1枚

すべての材料を小鍋に入れます。
生クリームは乳脂肪分35%を使用します。

卵黄 Lサイズ2個分 ＋ 卵 Lサイズ1個

ボウルに入れてときほぐしておきます。

グラニュー糖 60g

上白糖でも代用できます。

1

🔥 オーブンを150℃に予熱します。

材料を入れた小鍋を中火にかけ、軽く混ぜ合わせます。鍋肌がフツフツとしてきたら火を止め、フタをして5分ほど蒸らします。

2

卵のボウルにグラニュー糖を加えて、泡立て器で混ぜ合わせます。

3

1をこしながら、2に加えます。

茶葉をゴムベラでぎゅうっと押してよく絞り出します。

4

バットにココット型を並べて3を流し入れます。40℃くらいの湯を型の下2cmくらい浸るまで注ぎます。

バットがなければ、天板に直にお湯を注いで並べてもよいです。

5

150℃のオーブン（2段の場合は下段）で30〜35分湯せん焼きします。網の上で粗熱を取ってから、冷蔵庫で冷やしていただきます。

型をゆすってみて、生地が大きくゆれなければ焼き上がりです。

Pot de creme chai 81

Rare cheese cake |レアチーズケーキ|

PREPARATION 準備   直径18cm丸型　1台分

丸型
直径18cm×1台

底が抜けるタイプの丸型を使用します。底と側面にオーブンシートを敷いておきます。

グラハムビスケット 80g

ボウルに入れて細かく砕いておきます。

粉砂糖 20g
+ 塩 ひとつまみ

粉砂糖がない場合は、グラニュー糖や上白糖でも代用できます。

無塩バター 40g

クリームチーズ 200g

常温にもどしておきます。

牛乳 大さじ2

常温にもどしておきます。

グラニュー糖 30g

粉ゼラチン 5g
+ 水 25ml

粉ゼラチンに水を注いでよく混ぜ合わせたら、冷蔵庫に入れて30分ふやかしておきます。

生クリーム 200ml

乳脂肪分45～47%のものを使用します。なければ35%のものでもよいです。

レモン汁 10ml

Rare cheese cake

Rare cheese cake レアチーズケーキ

1
グラハムビスケットのボウルに粉砂糖＋塩を加えて混ぜ合わせます。無塩バターを加え、しっとりとするまで手で混ぜ合わせます。

2
型に入れ、指で押してしっかりと敷き込み、冷蔵庫で冷やしておきます。

3
クリームチーズを泡立て器で混ぜてクリーム状にします。

固い場合は、40℃くらいの湯にあてながら混ぜると柔らかくなります。

4
牛乳を少しずつ加えながら混ぜて、伸ばしていきます。

5
グラニュー糖を加えてすり混ぜます。

6
ふやかしたゼラチンを湯せんしてとかします。そこに少しだけ5を加えてよく混ぜ合わせ、5に戻します。

こうすることで、ゼラチンが固まってしまうのを防ぎます。

7
生クリームを別のボウルに入れ、氷水にあてながら泡立て、5分立てにします。

少しとろみがつき、たらすとほんの少し跡がつくくらいにします。

8
6に7の生クリームを2回に分けて加え、その都度、混ぜ合わせます。

9
レモン汁を入れてよく混ぜ合わせます。

レモンの酸で乳脂肪分が固まります。

10
冷やしておいた型に流し入れて、冷蔵庫で1時間ほど冷やし固めます。

Rare cheese cake

Coffee jelly

|コーヒーゼリー|

PREPARATION 準備

約100mlのグラス　2個分

グラス　約100ml×2個

コーヒー豆　40g
挽いて使用します。

グラニュー糖　60g
上白糖でも代用できます。

粉ゼラチン　5g ＋ 水　25ml
粉ゼラチンに水を注いでよく混ぜ合わせたら、
冷蔵庫に入れて30分ふやかしておきます。

1
コーヒー豆を挽いて、湯400ml でコーヒーを淹れます。

インスタントコーヒー大さじ2＋水300mlでも代用できます。通常飲むよりも濃く入れるのがポイントです。

2
コーヒー液が熱いうちにグラニュー糖を入れてとかします。

3
ゼラチンをちぎり入れてとかします。

4
ゼラチンが全てとけたらボウルごと氷水にあてて粗熱を取ります。

5
グラスに流し入れ、冷蔵庫で2時間ほど冷やします。

Coffee jelly

Berry jelly {ベリーゼリー}

PREPARATION 準備

約50mlのグラス　6個分

グラス　約50ml×6個

いちご 8粒 + フランボワーズ 15粒
+ ブラックベリー 8粒
好みのベリーを用意します。

グラニュー糖 100g

レモンの輪切り 1枚　　シナモンスティック 1本

粉ゼラチン 5g + 水 25ml

粉ゼラチンに水を注いでよく混ぜ合わせたら、
冷蔵庫に入れて30分ふやかしておきます。

1

小鍋に水250ml、グラニュー糖、レモンの輪切り、シナモンスティックを入れ中火にかけます。沸騰したら火を止めます。

2

ゼラチンをちぎり入れてとかします。

3

ベリーを加えます。

4

そのまま30分ほど漬け込みます。

5

レモンの輪切りとシナモンスティックを取り出し、グラスに流して、冷蔵庫で2時間ほど冷やし固めます。

Berry jelly

Mango sherbet

{マンゴーソルベ}

PREPARATION 準備

4〜6人分

密閉容器 16×11cm×1個

マンゴー 2個

上白糖 20g

プレーンヨーグルト 小さじ4

1
マンゴーの果肉を取り出します。

2
冷凍庫で1時間ほど凍らせます。

3
マンゴー、上白糖、プレーンヨーグルト、水大さじ3〜4を合わせてミキサーにかけます。

4
密閉容器に移して冷凍庫で半日ほど冷し固めます。

5
スプーンでかき混ぜて、器に盛りつけます。

Mango sherbet

Peach compote jelly

{ピーチコンポートゼリー}

PREPARATION　準備

約100mlグラス　4個分

グラス　約100ml × 4個

桃　2個

グラニュー糖　100g

レモンの輪切り　1枚

粉ゼラチン　5g ＋ 水　25ml

粉ゼラチンに水を注いでよく混ぜ合わせたら、冷蔵庫に入れて30分ふやかしておきます。

1

小鍋に水250mlとグラニュー糖を入れて中火にかけます。グラニュー糖がとけたら皮をむいて適当な大きさにカットした桃とレモンの輪切りを加えます。
桃が浮いてこないようにキッチンペーパーで紙蓋をしておくと桃の色が変わりません。

2

沸騰したら火を止めて、レモンの輪切りを取り出します。常温で冷まします。

3

桃を取り出して、シロップを再び火にかけます。沸騰直前で火を止めて、ふやかしておいたゼラチンをちぎり入れます。

4

3のシロップをこしながらボウルに移し、氷水にあてて粗熱を取ります。

5

グラスに、一口大に切った桃を入れて、4を流し入れ、冷蔵庫で半日冷やし固めます。

Peach compote jelly

Macedonia
{マチェドニア}

PREPARATION 準備

4〜6人分

キウイ 1個 ＋ グレープフルーツ 1個
＋ マンゴー 1個 ＋ パイナップル 1/4個
＋ フランボワーズ 10粒 ＋ ブラックベリー 10粒

フルーツは季節によってお好みのものを用意します。
いちご、りんご、スイカ、チェリー、ざくろ、
ブルーベリーなどもおすすめです。

グラニュー糖　20g

上白糖でも代用できます。

ライム　1個

1
キウイ、グレープフルーツ、マンゴー、パイナップルは皮をむき、ひと口大にカットしてボウルに入れます。

2
フランボワーズ、ブラックベリーはそのまま加えます。

3
ライムの皮をすりおろし、果汁も絞って加えます。グラニュー糖をふりかけて全体をよく混ぜ合わせます。

4
そのまま常温で30〜40分おいてフルーツから水分が出てきたら、冷蔵庫で冷やします。

5
器に盛りつけ、好みでアイスクリームなどを添えてどうぞ。

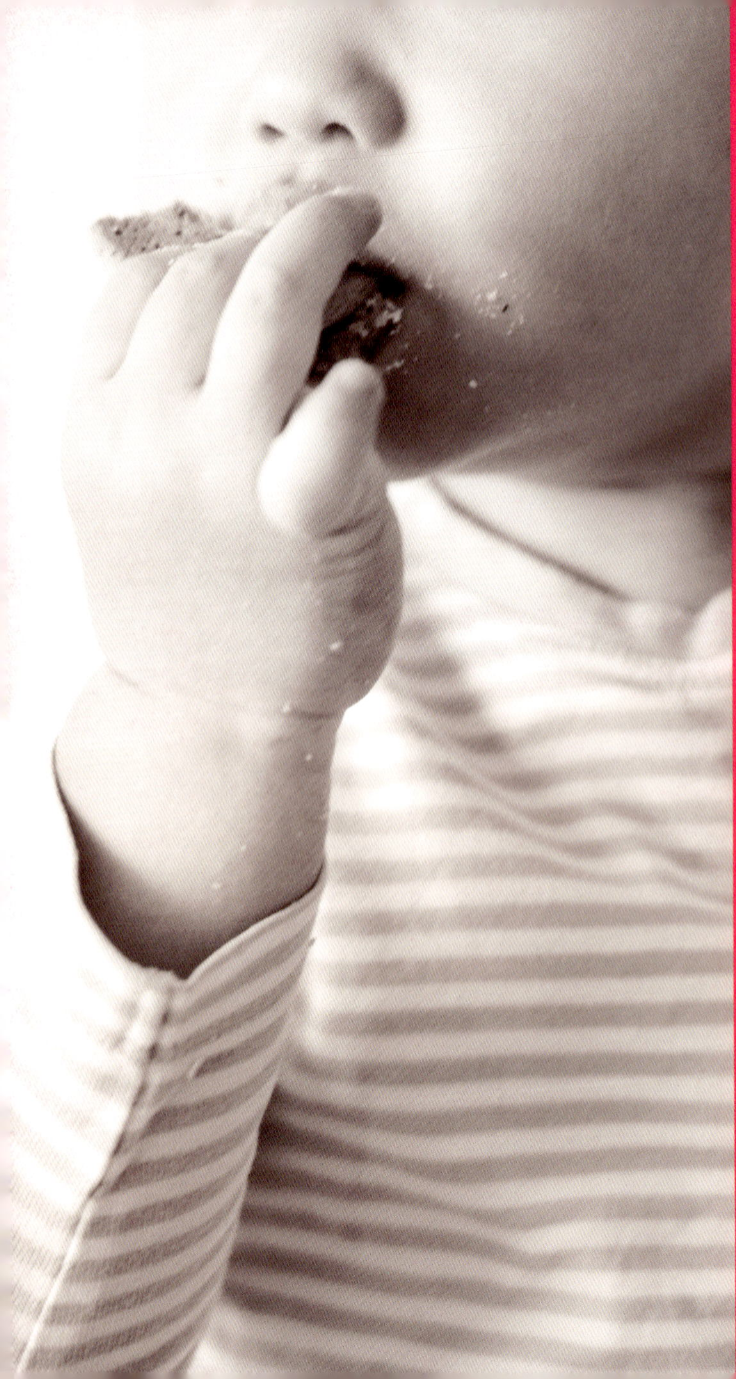

Noël {クリスマスのお菓子}

Guiness cake
Lebkuchen
Polvoron
Boule de Neige
Vanillekipferl

Guiness cake
{ギネスケーキ}

PREPARATION　準備　　直径18cm丸型　1台分

丸型
直径18cm×1台

底と側面にオーブンシートを敷いておきます。パウンド型でも代用できます。

無塩バター 120g

ボウルに入れて、常温にもどしておきます。

三温糖 120g

ブラウンシュガー、きび糖でも代用できます。

卵 Lサイズ2個

ときほぐして、常温にもどしておきます。

卵が冷たいと生地が分離しやすくなります。冷たい場合は30℃くらいの湯で湯せんします。

薄力粉 120g

ベーキングパウダー 小さじ1/2

ラム酒漬けレーズン 50g

→つくり方はP127へ
市販のものでもよいです。

オレンジピール 25g

細かく刻んでおきます。
→つくり方はP126へ
市販のものでもよいです。

くるみ 50g

キッチンペーパーを敷いた天板にのせて170℃にあたためたオーブンで7分空焼きをします。

ギネスビール 50ml

缶に残ったビールは仕上げに使うので取っておきます。

バターを常温にもどす方法

バターが固いままだとパサパサに、完全にとかすとカチカチの仕上がりになってしまいます。バターをきちんともどすことで、なめらかな食感のお菓子になります。

1 40℃くらいの湯に3秒くらいあてます。

2 湯せんからはずして泡立て器で軽く混ぜます。

3 1、2を繰り返して、バターをマヨネーズ状にします。

Guiness cake

Guiness cake 〖ギネスケーキ〗

1
🔥 オーブンを170℃に予熱します。
前ページの🥄を参考に無塩バターを常温にもどします。

2
無塩バターのボウルに三温糖を2〜3回に分けて加え、泡立て器ですり混ぜます。

3
卵を10回くらいに分けて加え、その都度混ぜ合わせます。

卵を少しずつ加えることで分離せず、きれいな生地に仕上がります。

4
薄力粉とベーキングパウダーを合わせてふるい入れます。

5
ラム酒漬けレーズン、オレンジピールを加え、くるみを手で砕きながら入れます。

6
ゴムベラで粉気がなくなるまで混ぜ合わせます。

7
ギネスビールを加えて混ぜ合わせます。

8
丸型に生地を流し入れて平らにならし、170℃のオーブン（2段の場合は下段）で50分焼きます。

9
焼き上がったら型から外して熱いうちに表面にギネスビールを刷毛でぬり、網の上で冷まします。

10
冷めたら好みでアイシング（→つくり方はP103へ）をしていただきます。

密閉容器に入れて、常温で1週間ほど日持ちします。

Guiness cake

Lebkuchen レープクーヘン

PREPARATION 準備　　約20枚分

クリスマスの抜き型

天板

アーモンドパウダー　20g

強力粉　30g
+ 薄力粉　90g

ベーキングパウダー　大さじ1

ブラウンシュガー　60g
+ 塩　ひとつまみ

オーブンシートを敷いておきます。オーブンを予熱する時はオーブンから出しておきます。

強力粉がない場合は、薄力粉120gでつくります。

シナモン　小さじ1
+ ナツメグ　小さじ1/5

はちみつ　30g
+ 無塩バター　30g

卵　Lサイズ1個

レモンの皮（すりおろし）1/2個分

レモン汁　大さじ1

＜アイシング＞
粉砂糖　25g
+ レモン汁　小さじ1

湯せんしやすいよう、小鍋に入れておきます。

ときほぐしておきます。

クッキーが冷めてから混ぜ合わせてアイシングをつくります。

Lebkuchen　103

Lebkuchen [レープクーヘン]

1
ボウルに強力粉＋薄力粉、ベーキングパウダー、ブラウンシュガー＋塩、シナモン＋ナツメグをふるい入れ泡立て器で混ぜ合わせます。

2
はちみつと無塩バターは湯せんをしてとかします。

3
1に2と卵、レモンの皮、レモン汁を入れて、粉気がなくなるまでよく混ぜ合わせます。

4
生地をラップに包んで一晩、冷蔵庫で休ませます。

この状態で冷凍庫で1ヶ月ほど保存できます。

5
オーブンを180℃に予熱します。
台に打ち粉をして生地を移します。麺棒で厚さ2mmにのばし、型でぬきます。

6

天板に並べ、180℃のオーブン（2段の場合は下段）で13分焼きます。

生地に穴をあけておくと、焼き上がってからリボンを通してオーナメントとしても楽しめます。

7

焼き上がったら網の上で冷まします。

8

飾りつけ用のコルネを準備します。

1. オーブンシートを三角にカットします。
2. 一番長い辺の中心を起点に巻きます。
3. 巻き終わりを折り込みます。

9

コルネにアイシングをつめて、先を約2mmカットします。

10

レープクーヘンに絞り出します。

密閉容器に入れて、常温で2週間ほど日持ちします。

Polvoron |ポルボロン|

PREPARATION 準備　　約2cm角　30個分

天板　　　　　薄力粉 80g　　　アーモンドパウダー 50g　　　無塩バター 80g　　　粉砂糖 40g

オーブンシートを敷いておきます。オーブンを予熱する時はオーブンから出しておきます。

ボウルに入れて、常温にもどしておきます。

シナモン 小さじ1/3　　　飾り用の粉砂糖

バターを常温にもどす方法

バターが固いままだとパサパサに、完全にとかすとカチカチの仕上がりになってしまいます。バターをきちんともどすことで、なめらかな食感のお菓子になります。

1. 40℃くらいの湯に3秒くらいあてます。
2. 湯せんからはずして泡立て器で軽く混ぜます。
3. 1、2を繰り返して、バターをマヨネーズ状にします。

Polvoron　107

Polvoron ｛ポルボロン｝

1
薄力粉とアーモンドパウダーをフライパンに入れ、中火で薄く色がつくまで煎ります。

2
バットに移して冷ましておきます。

3
前ページの🥄を参考に無塩バターを常温にもどします。

4
無塩バターのボウルに粉砂糖とシナモンをふるい入れて、泡立て器で混ぜ合わせます。

5
2をふるい入れます。

6

ゴムベラで粉気がなくなるまで混ぜ合わせます。

7

生地をラップに移して厚さ1cmに整えます。冷蔵庫で30分休ませます。

8

オーブンを150℃に予熱します。
包丁で2cm角にカットします。

9

天板に並べ、150℃のオーブン（2段の場合は下段）で25分焼きます。

10

焼き上がったら天板ごと5分ほどおいて冷まし、網に移します。冷めたら仕上げに飾り用の粉砂糖をふるいます。

密閉容器に入れて、常温で1週間ほど日持ちします。

Polvoron 109

Boule de Neige

{ブール ドゥ ネージュ}

PREPARATION 準備　　直径約3cm　20個分

天板
オーブンシートを敷いておきます。オーブンを予熱する時はオーブンから出しておきます。

無塩バター 40g
ボウルに入れて、常温にもどしておきます。

粉砂糖 15g

薄力粉 45g

ココア 5g

スライスアーモンド 25g
キッチンペーパーを敷いた天板にのせて150℃にあたためたオーブンで5分空焼きをします。

仕上げ用の粉砂糖
仕上げにクッキー全体にまぶします。大きめのボウルに用意しておきます。

バターを常温にもどす方法

バターが固いままだとパサパサに、完全にとかすとカチカチの仕上がりになってしまいます。バターをきちんともどすことで、なめらかな食感のお菓子になります。

1. 40℃くらいの湯に3秒くらいあてます。

2. 湯せんからはずして泡立て器で軽く混ぜます。

3. 1、2を繰り返して、バターをマヨネーズ状にします。

Boule de Neige　111

Boule de Neige |ブール ドゥ ネージュ|

1

前ページの 🥄 を参考に無塩バターを常温にもどします。

2

無塩バターのボウルに粉砂糖をふるい入れて泡立て器ですり混ぜます。

3

薄力粉とココアを合わせてふるい入れます。

4

スライスアーモンドを加えます。

5

ゴムベラで粉気がなくなるまでよく混ぜ合わせます。

6

ひとまとめにしてラップに移し、直径2〜2.5cmの棒状に整えます。冷蔵庫で1時間休ませます。

この状態で冷凍庫で1ヶ月ほど保存できます。

7

オーブンを180℃に予熱します。

生地を20等分に切り分けます。

8

手で丸めてボール状にします。

9

天板に並べ、180℃のオーブン（2段の場合は下段）で15分焼きます。

10

焼き上がったら熱いうちにボウルに入れた仕上げ用の粉砂糖にまぶし、そのまま冷まします。

密閉容器に入れて、常温で2週間ほど日持ちします。

Boule de Neige 113

Vanillekipferl
{バニエキプフェル}

PREPARATION 準備　　24個分

天板

オーブンシートを敷いておきます。オーブンを予熱する時はオーブンから出しておきます。

無塩バター 80g

ボウルに入れて、常温にもどしておきます。

コーンスターチ 50g

薄力粉 50g

粉砂糖 40g

ヘーゼルナッツパウダー 50g

アーモンドパウダーでも代用できます。

飾り用の粉砂糖

バターを常温にもどす方法

バターが固いままだとパサパサに、完全にとかすとカチカチの仕上がりになってしまいます。バターをきちんともどすことで、なめらかな食感のお菓子になります。

1. 40℃くらいの湯に3秒くらいあてます。 
2. 湯せんからはずして泡立て器で軽く混ぜます。 
3. 1、2を繰り返して、バターをマヨネーズ状にします。

Vanillekipferl

Vanillekipferl {バニエキプフェル}

1

🔥 オーブンを180℃に予熱します。

前ページの🥄を参考に無塩バターを常温にもどします。

2

無塩バターのボウルにコーンスターチ、薄力粉、粉砂糖を合わせてふるい入れます。

3

ヘーゼルナッツパウダーを加えます。

4

粉気がなくなり、生地がひとまとまりになるまでゴムベラで混ぜ合わせます。

5

全体を24等分します。

6

1つ分をギュッと握って空気を抜きます。

7

指で転がして8cmくらいの棒状にします。

8

天板にのせて、U字形に整えます。

9

180℃のオーブン(2段の場合は下段)で14分焼きます。焼き上がったら天板ごと5分ほど冷まし、網に移します。

10

冷めたら仕上げに飾り用の粉砂糖をふるいます。

密閉容器に入れて、常温で1週間ほど日持ちします。

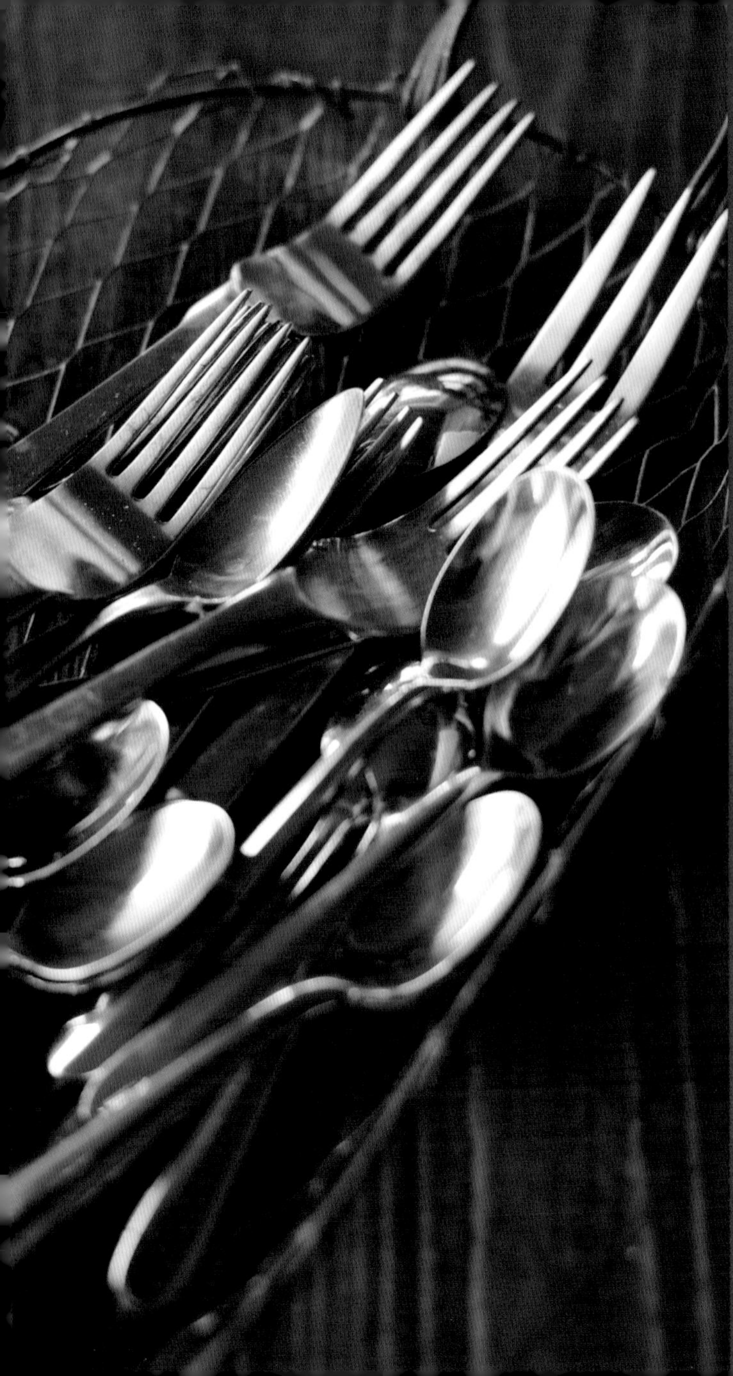

Column {コラム}

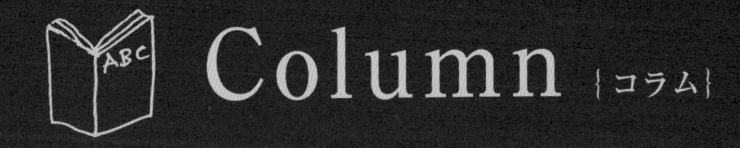

Kitchen tools
Cooking ingredients
Wrapping
Orange peel
Rum raisins

Kitchen tools　アンピュールで使っている道具

1. whisk ｜泡立て器｜

生地を混ぜるときに力が必要なので、泡立て器は羽のしっかりしているステンレス製のものを選びます。また、羽の数が多いと、混ぜた生地が泡立て器の中に入ってしまい、扱いにくい場合があります。

2. spatula ｜ゴムベラ｜

シリコン製の耐熱ゴムベラがおすすめです。生地を混ぜるだけでなく、カスタードクリームなどを練り上げる際にも活躍します。柄とヘラの部分がはずれない一体型のものは、洗いやすく便利です。

3. bowl ｜ボウル｜

湯せんをしたり、氷水にあてたり、重ねて使うことも多いボウルは、サイズ違いで3種類そろえておくと便利です。この本では、耐久性に優れ、摩耗しにくいホーロー製のボウルを使用しています。

4. oven sheet ｜オーブンシート｜

オーブンの天板用には何度も洗って使えるシリコン製のオーブンシート（右）が便利です。型に敷き込んだり、コルネをつくったりするのは使い捨ての紙のオーブンシート（左）を使います。

6. cooking scale

8. canvas

7. mold

5. pan |小鍋|

カラメルをつくったり、牛乳を温めたり、多用途のミルクパンがひとつあると、とても便利です。家庭でつくる少量のお菓子には、欠かせない道具です。

6. cooking scale |はかり|

1グラムから量れるデジタルはかりは、ゼラチンなど少量の材料を量るときに誤差が出にくいのでおすすめです。風袋引き(あらかじめ容器の重量を差し引く)機能がついているものが便利です。

7. mold |型|

焼き菓子には、ブリキやスズメッキを施した型を使うと色良く焼けます。使用後はキッチンペーパでよくふいて保管します(洗うと錆びてしまうので要注意)。冷菓には、洗えるステンレス型を選びます。紙の型はそのままプレゼントできるので便利です。

8. canvas |キャンバス|

クッキーやタルトの生地を麺棒で伸ばすときは、キャンバスを敷いた上に打ち粉をして土台にすると、生地がくっつかず便利です。また生地を薄く伸ばせるだけでなく、キッチン周りも汚れず、作業がはかどります。

Kitchen tools

Cooking ingredients 材料について

1. sugar ｜砂糖｜
お菓子には淡白な甘味のグラニュー糖をよく使いますが、上白糖でも代用できます。粉砂糖でつくるお菓子は食感が滑らかで洗練された味に、三温糖など茶色い砂糖を使うと味にコクが出ます。

2. butter ｜バター｜
塩加減を調整するため、お菓子づくりには無塩バターを使います。パウンドケーキやマドレーヌなど焼き菓子には、風味がよく、リッチな味わいに仕上がる発酵バターの使用をおすすめします。

3. gelatin ｜ゼラチン｜
ゼラチンは動物性なので、きちんともどすことで臭みがなく、舌触りもよく仕上がります。家庭では、計量しやすい粉ゼラチンがおすすめです。水とよく混ぜ合わせて、冷蔵庫で最低30分はふやかして使いましょう。

4. fresh cream ｜生クリーム｜
お菓子づくりには動物性の純生クリームを使用します。乳脂肪分の違いで仕上がりが変わるので、濃厚に仕上げたい場合は45〜47%を、軽くあっさり仕上げたい場合は35%のものを選びます。

5. powder ｜アーモンドパウダー｜
｜ヘーゼルナッツパウダー｜

アーモンドパウダーやヘーゼルナッツパウダーのようにナッツを粉末にしたものは酸化しやすいので、開封後は冷凍庫で保存することをおすすめします。酸化した粉は油っぽく、風味がよくないので、購入する時はお店での保存状態に気をつけます。

6. egg white ｜卵白｜

お菓子には卵黄だけを使うものがよくあります。この時、除いた卵白は1個ずつラップに包み冷凍しておくと2週間ほど保存できます。自然解凍すれば、フィナンシェやクロッカンなどの焼き菓子に使えます。

7. nuts ｜ナッツ類｜

ナッツ類は冷蔵庫で保存します。新しいナッツでも使用前は必ず空焼きをしましょう。天板にキッチンペーパーを敷いて空焼きすると、紙が余計な油分を吸い取りカラッと仕上がり、美味しさがぐっと増します。

8. cocoa ｜ココア｜

ココアは粒子が細かいので吸湿しやすく、酸化も早いです。開封したらしっかり封をして常温で保存します。湿度の高い季節に使用する場合は、冷蔵庫で保存することをおすすめします。

Cooking ingredients

Wrapping　ラッピングについて

Wax paper bag
|ワックスペーパーバッグ|

耐油紙製の袋です。クッキーやケーキなど油分の多いお菓子を入れても、油が染みません。中身が透けてみえるので、プレゼントのラッピングにもおすすめです。

Pani moule
|パニムール|

パニムールはポプラ材を使用した焼き型です。シリコンペーパーを敷いてパンや焼き菓子を焼くのはもちろん、ラッピングボックスや器としても使えます。

Deoxidizer
|脱酸素剤|

脱酸素材は酸素を吸収し、食品の酸化を防止して、鮮度と風味を保ちます。パウンドケーキやマドレーヌなどの焼き菓子を長期保存したい時に使います。脱酸素材対応の袋を使用するとより効果的です。

Linen thread
|リネン糸|

〝ラッピング〟というとリボンを連想しますが、代わりにリネン糸を使ってみましょう。素朴なお菓子や、ちょっとしたプレゼントをシンプルながら、おしゃれに演出できます。

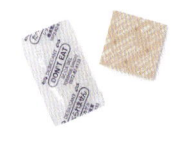

Desiccant
|乾燥剤|

クッキーやビスコッティなど湿気やすいお菓子の保存に使います。湿度の高い季節には、乾燥剤を使うことで日持ちも長くなります。薄いシート状の乾燥剤はラッピングの際も邪魔になりません。

Clip sealer
|クリップシーラー|

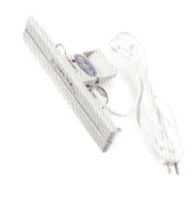

ビニール製の袋をラッピングする際に便利なのがクリップ式の家庭用シーラー。ビニール口をはさむだけで、ぴったりシールし、密封できるので、乾燥剤や脱酸素材の効きもよくなります。

Opp packaging
|OPP袋|

お菓子をラッピングするのに万能なのがOPP袋。さまざまなサイズを常備しておくと便利です。クッキーなど小さめのお菓子を小分けにしたり、アイデアしだいで素敵なラッピング用材になります。

Bottle
|瓶|

ジャムの空き瓶やアンティークのガラスボトルにクッキーを詰めて贈るのも素敵です。使用前は必ず煮沸消毒します。密閉性が高いので湿気にくいです。

color paper
|薄葉紙|

薄葉紙はラッピング用の薄紙。ブールドネージュやポルボロンなど粉砂糖をまぶしたクッキーをひとつずつ包むのに便利です。色数も豊富なので、気分に合わせて使いましょう。

Alphabet stamp
|アルファベットスタンプ|

紙袋やタグに、お菓子の名前やメッセージをスタンプしてみましょう。スタンプしたカードに穴をあけてリボンに通すだけでも自分だけの特別な演出ができます。

Original stamp
|オリジナルスタンプ|

自分だけのオリジナルスタンプをつくってラベルにすると、ラッピングが楽しくなります。オリジナルスタンプは、インターネットやハンコ屋さんで手軽に注文してつくれます。

Message paper
|こより|

メッセージを書いた「こより」をさりげなくお菓子に添えてみましょう。フォーチューンクッキーのように、こよりをおみくじにしても楽しいですね。

Wrapping

Standing confectionery　常備しておきたい手づくりの材料

Orange peel |オレンジピール|

オレンジ	5個
水	オレンジの果汁と合わせて1ℓ
グラニュー糖	1kg

1　オレンジはよく水で洗い、半分に切って果汁を絞ります。

2　皮は半分に切って、ナイフで薄皮を取り除き、ボウルに入れて水にひたして一晩置きます。

3　鍋に2をそのまま入れ、皮にかぶるくらいの水(分量外)を加えて中火にかけます。沸騰したら皮をざるに上げお湯を捨てます。

4　3の鍋に皮と1で絞った果汁と水を入れ、紙蓋をして中火にかけます。ふつふつと沸いてきたらごく弱火にして約1時間煮ます(竹串を刺してすっと通るまで)。

5　グラニュー糖の半量を加えて、さらに1時間半ほどごく弱火で煮ます。火を止めて、蓋をして一晩そのまま冷まします。

6　5に残りのグラニュー糖を加え、1時間半ほど、ごく弱火で煮ます。火を止めて蓋をしてそのまま冷まします。

7　完全に冷めたらシロップごと、密閉容器に入れて冷凍庫で保存します。1年ほど保存可能です。

毎年、無農薬のオレンジを旬の時期(2月〜4月頃)に手に入れて手づくりしています。刻んでお菓子に焼き込んだり、チョコレートをかけていただきます。

Rum raisins ｜ラム酒漬けレーズン｜

レーズン　　適量
ラム酒　　　適量

1　熱湯消毒した密閉容器にレーズンを入れて完全につかる量のラム酒を注ぎ入れます。きっちりと蓋をして一日置きます。

2　翌日、レーズンがラム酒を吸って表面に出ていたらラム酒を足します。

3　冷暗所で保存して、1週間ほどで出来上がりです。

4　何度か使って減ってきたらレーズンとラム酒をつぎ足します。常にレーズンがラム酒につかっている状態にしておきましょう。年を追うごとに年代物の飴色のラム酒漬けレーズンになります。

ラム酒漬けレーズンは焼き菓子用の材料です。そのままではとても苦くて食べられませんが、焼き込むと芳醇な香りが楽しめます。

おわりに

「手際がいいですね」
「準備してあるからですよ」
お菓子教室の生徒さんと、よくこんな会話をします。スムーズに進行できるように全ての材料を計量しておく。つくる工程を見てもらいながら、その場でポイントを伝える。
でも、お菓子教室ではうまく伝えられることが、レシピ本だと伝わらないのはなぜだろう……？
そう、ずっと考えていました。

いつも教室で伝わってくる、生徒さんたちのワクワクした気持ちを本にしたい。一つひとつの工程を見て、納得して、お菓子づくりを楽しんでほしい。そんな想いから生まれたのがこの本です。

そういう意味で、「やさしいお菓子」は、お菓子教室の生徒さんと一緒につくった本でもあります。多くのことを教えて下さったみなさん、ありがとうございます。

そして、私の想いを形にして下さった、素晴らしい制作チームに感謝を申し上げます。

2013年11月

un pur...
Yukiko Iizuka

やさしいお菓子
すべての手順が写真でわかる10枚レシピ

2013年11月6日　初版第1刷発行

著者	飯塚有紀子
デザイン	飯塚有紀子
写真	山本尚意
企画・コーディネート	長井史枝
編集	谷口香織
料理アシスタント	吉原桃子
発行者	柳谷行宏
発行所	雷鳥社

〒151-0062　東京都渋谷区元代々木町52-16
TEL 03-3469-7979　FAX 03-3468-7272
HP http://www.raichosha.co.jp/
E-mail info@raichosha.co.jp
郵便振替 00110-9-97086

印刷・製本　シナノ印刷株式会社
材料提供　　クオカ http://www.cuoca.com

定価はカバーに表示してあります。
本書の写真、イラストおよび記事の無断転写・複写をお断りいたします。著者権者、出版者の権利侵害となります。
万一、乱丁・落丁がありました場合はお取り替えいたします。

©Yukiko Iizuka / Raichosha 2013 Printed in Japan.
ISBN 978-4-8441-3652-1 C0077